JOAQUÍN DE LA CRUZ H.

∨

CIBERSEGURIDAD PARA TODOS

CÓMO PROTEGERSE, INCLUSO SI NO ERES UN EXPERTO
EN TECNOLOGÍA

Ciberseguridad para todos:

Cómo protegerse, incluso si no eres un experto en tecnología.

#GuateBooks

1ª edición marzo 2023

ISBN: 9 7983 9030 5539

Kindle Direct Publishing

Portada diseñada con activos de Freepik.com

Responsabilidad de enlaces externos

Esta obra contiene enlaces a sitios webs de terceros, sobre cuyos contenidos no se tiene ninguna influencia. Por tanto, no se puede asumir ninguna responsabilidad por estos contenidos externos. El proveedor u operador de los sitios webs es siempre responsable del contenido del sitio web enlazado. Los sitios webs enlazadas fueron revisados para detectar posibles infracciones legales en el momento de enlazarlas. Los contenidos ilegales, si fuera el caso *(que esperamos que no lo sea)*, no eran reconocibles en el momento de su enlace.

"La ciberseguridad es un viaje, no un destino"

INDICE

INTRODUCCIÓN

∨

¡Bienvenido, querido lector, al mundo de la ciberseguridad! Hoy en día, la tecnología está en todas partes y ha cambiado la forma en que vivimos y trabajamos. Sin embargo, con esta nueva era tecnológica también han surgido amenazas que ponen en riesgo nuestra privacidad, seguridad y bienestar. Es por eso por lo que hoy te presento mi libro "Ciberseguridad para todos: cómo protegerse, incluso si no eres un experto en tecnología".

El objetivo principal de este libro es brindarte información necesaria de carácter básica para que te protejas en línea de manera efectiva, incluso si no eres experto en tecnología. Mi meta es ayudarte a superar los miedos y preocupaciones que puedas tener en cuanto a la seguridad en línea, y guiarte en el camino inicial hacia una vida digital más segura y confiable.

En este libro, encontrarás información clara y práctica sobre cómo proteger tu información personal, financiera y otros datos importantes de posibles amenazas en línea, como ciberataques, robos de identidad o fraudes. Además, te proporcionaré consejos para crear contraseñas seguras, detectar amenazas comunes en línea, navegar de manera segura por internet, hacer compras en línea seguras y mucho más.

Espero que después de leer este libro, sientas la confianza y la capacidad para navegar por el mundo en línea y seguir creciendo con buenas prácticas. ¡Comencemos!

• ¿Por qué es importante la ciberseguridad para todos? •

En la actualidad, la tecnología se ha convertido en una parte fundamental de nuestra vida cotidiana. Usamos dispositivos electrónicos para comunicarnos, trabajar, hacer compras, pagar nuestras cuentas y para muchas otras tareas. Sin embargo, también es cierto que con todo esto, ahora estamos expuestos a múltiples amenazas en línea más que antes.

Los ciberataques son cada vez más sofisticados, y los criminales informáticos están constantemente buscando nuevas formas de acceder a nuestra información personal y financiera. La falta de seguridad en línea puede llevar a graves consecuencias, como robo de identidad, fraude financiero, pérdida de datos importantes y más.

Por esta razón, es crucial que todos aprendamos a protegernos en línea. Esto no solo es una tarea de los expertos en tecnología, al contrario, la ciberseguridad es una responsabilidad compartida por todos. Al estar protegidos en línea, podremos tener la tranquilidad de que nuestros datos y nuestra privacidad están a salvo.

Por ese motivo este libro está diseñado para brindarte conocimientos básicos que te ayudarán a navegar en línea de manera más consciente. La ciberseguridad puede parecer abrumadora al principio, pero espero que después de leer este libro, puedas sentir la confianza y la capacidad de navegar por el mundo en línea sin preocuparte por tu seguridad.

¡Sigamos adelante y comencemos este viaje hacia una vida digital más segura!

CAPÍTULO 1: CONCEPTOS BÁSICOS DE CIBERSEGURIDAD

"Lo que hoy es seguro mañana puede no serlo"

∨

• Definición de ciberseguridad y sus principales componentes •

Antes de adentrarnos en los detalles de cómo protegernos en línea, es importante entender qué es la ciberseguridad. En términos simples, la ciberseguridad es la protección de sistemas, redes y dispositivos electrónicos contra ataques, robo de datos y otras amenazas en línea.

La ciberseguridad se compone de varios elementos importantes. Uno de los más fundamentales es la protección de datos. Esto significa que debemos proteger nuestra información personal, financiera y otros datos importantes de posibles amenazas en línea, como ciberataques, robos de identidad o fraudes.

Otro componente importante es la prevención de malware. Los programas maliciosos, como virus, troyanos y otros tipos de malware pueden dañar nuestros dispositivos electrónicos, robar información y comprometer nuestra seguridad en línea.

Por ese motivo es importante tener medidas de seguridad de red en su lugar. Las redes son una parte fundamental de la tecnología en línea, y la seguridad de la red es fundamental para garantizar que nuestras conexiones sean seguras y privadas.

Finalmente, la ciberseguridad también implica la educación y concienciación de los usuarios. Aprender acerca de las amenazas en línea y cómo protegerse puede ayudarnos a tomar decisiones más informadas y a mantenernos más seguros en línea.

Con todo esto, se puede decir en pocas palabras que la ciberseguridad se enfoca en la protección de sistemas, redes y dispositivos electrónicos contra ataques y amenazas en línea. Los principales componentes de la ciberseguridad incluyen la protección de datos personales, la prevención de malware, la seguridad de la red y la educación y concienciación del usuario.

En los siguientes capítulos, exploraremos con mayor detalle cada uno de estos componentes.

• Amenazas comunes en línea •

A medida que hacemos un mayor uso de la tecnología, también aumentan las amenazas en línea que pueden poner en riesgo nuestra seguridad. Para ello, es importante conocer algunas de las amenazas comunes en línea, así como el saber detectarlas para poder tomar medidas preventivas.

Una de las amenazas más comunes es el phishing, que implica el envío de correos electrónicos falsos o engañosos que parecen provenir de fuentes legítimas, como bancos o empresas. Estos correos electrónicos pueden incluir enlaces que llevan a sitios web falsos que buscan robar información personal o financiera. Para detectar el phishing, siempre debemos verificar que los correos electrónicos que recibimos provengan de fuentes legítimas y evitar hacer clic en enlaces sospechosos, así como estar al tanto de los sitios webs que visitamos, debido a que en la mayoría de casos, como ya se mencionó, los ciberdelincuentes tienden a copiar sitios webs para extraer nuestras credenciales de acceso. El truco está en ser muy cuidadosos y observadores con los enlaces para no caer en la trampa.

El robo de identidad también es una amenaza común en línea. Esto puede ocurrir cuando alguien obtiene acceso a nuestra información personal, como números de identificación, nombres completos, fecha de nacimiento, contraseñas o información financiera, y la usa para cometer fraude o robo. Para detectar el robo de identidad, debemos estar atentos a cualquier actividad inusual en nuestras cuentas financieras o de correo electrónico, y usar contraseñas seguras y únicas para cada cuenta. Lo más importante es tratar de ser cuidadosos y no compartir toda nuestra información o datos personales en redes sociales.

Con las amenazas de phishing y el robo de identidad, algo que puede darnos un poco más de seguridad, así como tranquilidad a la hora de utilizar plataformas o servicios en línea, es configurar y activar el doble factor de autentificación *(2FA por sus siglas en inglés)*, esto es una capa de seguridad adicional que evita el robo y acceso a nuestras cuentas en el caso hipotético de que algún ciberdelincuente haya logrado obtener información sobre nuestras contraseñas, ya sea por algún caso de phishing o por descuido nuestro.

Otra amenaza común es el malware, que puede incluir *virus, troyanos* y otros tipos de *software malicioso*. El malware puede infectar nuestro dispositivo a través de descargas de software malicioso o archivos adjuntos de correo electrónico. Para detectar el malware, siempre debemos tener actualizado nuestro software de seguridad y antivirus, y evitar descargar software o archivos de fuentes no confiables.

En resumen, hay varias amenazas comunes en línea que pueden poner en riesgo nuestra seguridad y privacidad. Estas incluyen el phishing, el malware y el robo de identidad. Para detectar estas amenazas, debemos estar atentos a cualquier actividad inusual en nuestras cuentas y tener medidas de seguridad en su lugar, como software de seguridad y contraseñas seguras, aparte de ser muy observadores.

Si te animas, te propongo realizar el siguiente test que te ayudará a conocer e identificar de primera mano cómo es que opera el phishing. ¡Vamos!

*Escanea el código QR para iniciar el test.

Uno de los conceptos básicos que se tiene que saber en el mundo de la ciberseguridad es de que las *contraseñas* son la primera línea de defensa contra amenazas como el robo de identidad y el acceso no autorizado a nuestras cuentas en línea. Por lo tanto, es importante crear contraseñas seguras para proteger nuestra información personal y financiera. A continuación, se presentan algunos consejos para crear contraseñas seguras:

1. Longitud: Una contraseña segura debe tener al menos 12 caracteres. Cuanto más larga sea la contraseña, más difícil será para los atacantes adivinarla

2. Complejidad: Una buena contraseña debe contener una combinación de letras mayúsculas y minúsculas, números y caracteres especiales, como @, #, !, etc. También es importante no usar palabras comunes o información personal en la contraseña, como fechas de cumpleaños o nombres de familiares.

3. Únicas: Cada cuenta en línea debe tener su propia contraseña única. No uses la misma contraseña para múltiples cuentas, ya que, si una contraseña se ve comprometida, todas las cuentas con esa contraseña se verán comprometidas.

4. Cambios frecuentes: Es importante cambiar nuestras contraseñas con regularidad. Se recomienda cambiar las

contraseñas al menos una vez cada tres meses. De seguro te preguntas si lo de cada tres meses es cierto, y me temo que sí, es lo más recomendable.

5. Gestión de contraseñas: Con tantas contraseñas para recordar, puede resultar difícil mantener contraseñas seguras y únicas para cada cuenta. Una solución es utilizar un gestor de contraseñas que pueda generar y almacenar contraseñas seguras para nosotros. Esto por una parte nos ayudará a evitar el mal hábito de anotar nuestras contraseñas en papel y, por otra parte, funcionará como una bóveda capaz de almacenar todas nuestras contraseñas de manera segura. Con esto solo tendremos que recordar una contraseña principal, lo que sirve de mucho hoy en día

- En la actualidad, existen distintos gestores de contraseña que ayudan a millones de usuarios al día. Algunos de estos gestores tienden a ser de pago, pero también existen algunos gestores sin ningún costo que proporcionan la mayor amplitud de sus funcionalidades básicas.

Si deseas conocer más, te comparto una pequeña lista de algunos gestores:

o Bitwarden	o RoboForm
o NordPass	o Dashlane
o KeePass	o Keeper
o LastPass	o Sticky Password
o 1Password	

Siguiendo estos consejos, podemos crear contraseñas más seguras para proteger nuestras cuentas y dispositivos en línea.

Con toda esta información ¿Te animas a examinar como están tus contraseñas? ¡Vamos!

En el siguiente capítulo, exploraremos más formas de proteger nuestra información en línea.

CAPÍTULO 2: SEGURIDAD EN DISPOSITIVOS PERSONALES

"La seguridad es un proceso constante de evaluación de riesgos y toma de decisiones informadas"

∨

• Protegiendo tu ordenador personal •

Nuestros ordenadores personales son uno de los objetivos principales de los atacantes en línea. Por lo tanto, es importante tomar medidas para proteger nuestros dispositivos y nuestra información personal. A continuación, se presentan algunos consejos para proteger tu ordenador personal:

1. Software de antivirus: Un software de antivirus es esencial para detectar y eliminar malware y otras amenazas en línea. Asegúrate de instalar y mantener actualizado un buen software de antivirus en tu ordenador personal.

    •   La mayoría de sistemas operativos cuentan con una versión propia de software de antivirus o versión lite de terceros, pero en su mayoría estos se quedan cortos en funcionalidades, por lo que es recomendable instalar uno capaz de cumplir con los estándares que exige el mercado.

        Actualmente existen cientos de software de antivirus y

casi todos afirman ofrecer la mejor protección, ya sea de forma gratuita o con algún tipo de precio. Para ello y en base a la experiencia del sector te dejo una lista con los mejores antivirus a la fecha:

- o Bitdefender
- o Norton
- o McAfee
- o TotalIAV
- o Intego
- o Avira

- o Kaspersky
- o Panda
- o Trend Micro
- o Malwarebytes
- o MacKeeper
- o Eset

Espero que esta lista te sea de ayuda a la hora de elegir un buen software de antivirus.

¡Continuemos con los concejos!

2. Firewall: Un firewall es una barrera de seguridad que protege tu ordenador de amenazas externas, casi todos los ordenadores están equipados con un firewall básico instalado, independientemente del sistema operativo que se tenga. Asegúrate de habilitar el firewall de tu sistema operativo y considera la posibilidad de instalar un firewall de terceros para una mayor protección si fuera el caso, aunque lo primordial, es tener el firewall de nuestro sistema operativo siempre habilitado.

3. Actualizaciones del sistema operativo: Las actualizaciones del sistema operativo a menudo incluyen correcciones de seguridad críticas. Por ese motivo es de vital importancia que

estas actualizaciones no se pospongan. Asegúrate de mantener tu sistema operativo y tus aplicaciones actualizadas para proteger tu ordenador personal contra vulnerabilidades conocidas o no conocidas.

4. Contraseñas seguras: Como se discutió en el Capítulo 1, crear contraseñas seguras es una parte importante de la ciberseguridad en línea. Asegúrate de utilizar contraseñas seguras para proteger el acceso a tu ordenador personal, siguiendo los consejos que se compartieron en el capítulo anterior.

5. Copias de seguridad: A pesar de todas las precauciones que puedas tomar, siempre existe la posibilidad de que tu ordenador se vea comprometido por un ataque en línea. Asegúrate de realizar copias de seguridad regulares de tus datos importantes en caso de que necesites restaurarlos después de un incidente de seguridad.

Siguiendo estos consejos, lograremos mantener nuestro ordenador personal en óptimas condiciones para hacer frente a las amenazas en línea y mantener nuestra información personal y financiera segura. Aun así, siempre es recomendable navegar con cuidado en línea.

En la siguiente sección, exploraremos cómo proteger nuestros dispositivos móviles.

Los smartphones y tablets son dispositivos portátiles que utilizamos a diario para comunicarnos, navegar por Internet, realizar compras en línea y muchas otras actividades en el ciberespacio. Es importante proteger estos dispositivos móviles para mantener nuestra información personal segura. A continuación, se presentan algunos consejos para proteger tus smartphones y tablets:

1. Bloqueos de pantalla: Es posible que esto llegue a ser algo muy repetitivo, pero como se discutió en el Capítulo 1, es importante utilizar contraseñas seguras o métodos de bloqueo para proteger nuestros dispositivos. Asegúrate de utilizar contraseñas únicas y seguras en tus smartphones y tablets, aparte de configurar algún tipo de bloqueo de pantalla.

   Te sorprenderías de la cantidad de personas que no tiene un método de bloqueo configurado en su dispositivo móvil. Esto podría ser un riesgo muy grave a la hora de que alguien tome nuestro smartphone o tablet sin permiso y acceda a él sin complicación alguna, dejando nuestros correos, redes sociales, mensajes y más sin ninguna protección que lo impida. Por ese motivo es crucial que si no tenemos implementado algún tipo de bloqueo lo hagamos, ya sea por medio de contraseña, patrón, PIN o huella dactilar.

2. Actualizaciones: De la misma forma como en los ordenadores personales, las actualizaciones en los

dispositivos móviles son un tema que no se debe de pasar por alto. Las actualizaciones del sistema operativo de los smartphones y tablets a menudo incluyen correcciones de seguridad crítica. Asegúrate de mantener tu sistema operativo y tus aplicaciones actualizadas para proteger tus dispositivos contra vulnerabilidades desconocidas.

3. Aplicaciones: Descarga aplicaciones solo de fuentes confiables, como la tienda de aplicaciones oficial de tu dispositivo. Revisa las calificaciones y comentarios de otros usuarios antes de descargar una aplicación y asegúrate de leer detenidamente los permisos de la aplicación antes de instalarla. En lo posible trata de no instalar aplicaciones que provengan de tiendas no oficiales o fuentes extrañas.

4. Ajustes de privacidad: Revisa y ajusta las opciones de privacidad en tus dispositivos para asegurarte de que estás compartiendo la cantidad mínima de información personal posible. Asegúrate de limitar el acceso de las aplicaciones a tus datos personales, como tu ubicación, micrófono cámara o tus contactos cuando esto no sea necesario. Algunas aplicaciones suelen solicitar permisos que en ocasiones no tienen sentido alguno para el tipo de aplicación. A modo de ejemplo existen aplicaciones de calculadora que solicitan acceder a nuestros contactos, y esto no tiene sentido alguno, por ese motivo siempre es bueno corroborar que tipo de permisos concedidos tienen nuestras aplicaciones.

5. Copias de seguridad: Realiza copias de seguridad regulares

de tus datos importantes o aplicaciones en caso de que necesites restaurarlos después de un incidente de seguridad.

Si bien es cierto que el riesgo cero no existe, este siempre dependerá de las decisiones y alternativas que se tomen.

• ¿Qué hacer si pierdes o te roban un dispositivo electrónico? •

En esta era digital en la que vivimos, nuestros dispositivos electrónicos personales, como smartphones, tablets y ordenadores portátiles, son una parte esencial de nuestra vida diaria. A menudo almacenamos información valiosa y privada en ellos, desde fotografías y correos electrónicos hasta contraseñas y documentos importantes. Por lo que perder un dispositivo o que nos lo roben puede ser una situación estresante y preocupante.

En esta sección, veremos qué hacer si pierdes o te roban uno de tus dispositivos electrónicos. Se presentarán algunos consejos y trucos útiles para que puedas proteger tus datos personales y minimizar el impacto en caso de que esto suceda. Además, te mostraré cómo puedes utilizar algunas herramientas de seguridad en línea para localizar tu dispositivo.

Recuerda, en estos tiempos de amenazas digitales, es fundamental estar preparado y conocer las mejores prácticas para proteger tu información personal y digital, porque como ya se mencionó anteriormente, el riesgo cero no existe.

Dicho eso ¡sigamos!

La pérdida o el robo de un dispositivo electrónico puede ser una experiencia desagradable. Además de la pérdida del dispositivo en sí, también existe el riesgo de que los datos personales almacenados en él caigan en manos equivocadas. Por esta razón, es importante que sepamos qué hacer ante estas situaciones.

Imagina por un momento perder o que te roben tus dispositivos electrónicos, independientemente si son ordenadores, tablets, o smartphones.

¿Qué harías?

Eso es difícil de responder ¿no? Más que todo por si no te ha pasado o no lo sabes, pero no te preocupes, si te ves con este dilema es importante que sigas en orden los siguientes consejos para que todo sea efectivo. ¡Vamos!

Lo primero que debes hacer en un caso de pérdida o robo es mantener la calma. Si tu dispositivo tiene algún método de bloqueo ya sea por huella, patrón, PIN o contraseña, eso te dará un margen adecuado de tiempo para ejecutar los siguientes pasos:

1. Rastreo del dispositivo: El primer instinto que uno tiene a la hora de perder algún dispositivo es buscarlo, así que antes de realizar algún bloqueo o limpieza de datos de forma remota, siempre será bueno corroborar la ubicación de nuestro dispositivo móvil.

Esto lo puedes hacer desde cualquier otro dispositivo electrónico que tengas a la mano. Únicamente tendrás que dirigirte al sitio web oficial de búsqueda de tu dispositivo e iniciar sesión con la cuenta de correo que utilizas en tu smartphone, tablet u ordenador. *(El enlace dependerá del sistema operativo que utiliza el dispositivo que estes buscando).*

- Apple (iCloud, para iPhone /iPad/Mac)
    o *https://www.icloud.com/find*

- Google (para dispositivos móviles con sistema Android, estos suelen ser los mas comunes)
    o *https://www.google.com/android/find*

- Microsoft (Para ordenadores portátiles)
  - *https://account.microsoft.com/devices*

Con estos métodos podrás obtener la ubicación de tu dispositivo y encontrarlo de forma fácil, así como también enviar un mensaje o dejar un aviso para ponerte en contacto con la persona que lo haya encontrado.

Ahora bien, si te encuentras ante un caso de robo, el rastreo de tu dispositivo, por una parte, te servirá como prueba para una denuncia y, por otra parte, con el rastreo podrás borrar por completo tu información de forma remota o inhabilitarlo momentáneamente.

En esta última situación tendrás que actuar con rapidez y proceder con los siguientes pasos:

2. Comunicación con la operadora: En el caso de que te hayan robado tu dispositivo móvil como smartphone, es importante que hagas esto después de haber rastreado y borrado tus datos de forma remota. La comunicación con la operadora móvil es esencial para que desactive tu SIM y bloquee tu línea. De esta forma la persona que tenga tu dispositivo móvil no podrá usar tu numero de ninguna forma en otros dispositivos. Esto solo lo deberás hacer luego

de haber rastreado tu dispositivo para inhabilitarlo o eliminar tu información, debido a que si lo llegas a hacer antes de eso la comunicación con tu dispositivo se perderá.

3. Denuncia: Luego de que hayas rastreado tu dispositivo móvil y hayas tomado la decisión de bloquearlo o eliminar toda tu información, y te hayas comunicado con tu operadora para que desactiven tu SIM, es importante que realices una denuncia de pérdida o robo con la policía local. Para ello, es posible que te soliciten el numero de serie de tu dispositivo móvil o el IMEI *(en el caso de ser un smartphone o tablet con ranura SIM)*.

- El IMEI, es un código compuesto por 15 dígitos que sirve como un numero único de identidad internacional que distingue a cada dispositivo.

  Este código normalmente suele estar dentro de la caja de tu dispositivo, aunque también lo puedes encontrar en el sitio web de rastreo que utilices a la hora de buscarlo.

  Existe una tercera opción, pero esto último solo lo podrás hacer teniendo tu smartphone a la mano. Para ello, tendrás que marcar en tu smartphone el siguiente número **#06#**.

Siguiendo estos pasos lograrás actuar de buena forma ante una pérdida o robo.

Por último, pero no por ello menos importante, te comparto unos consejos para que implementes en tus dispositivos:

- Como ya se mencionó en capítulos anteriores nunca apuntes contraseñas en las notas de tus dispositivos o en correos electrónicos.
- Mantén un método de bloqueo para tus dispositivos.
- Utiliza gestores de contraseña y en lo posible utiliza el doble factor de autentificación.
- No proporciones datos sensibles por SMS a nadie, si lo haces procura borrarlos.
- Utiliza la nube como método para almacenar tus fotografías y documentos importantes.
- Mantén tu dispositivo actualizado

Estos consejos sirven de mucho ante cualquier situación, porque, aunque logres recuperar tu dispositivo, es posible que cualquier persona intente restablecer a valores de fábrica tu sistema, consiguiendo con esto que toda tu información se pierda únicamente en tu dispositivo, por lo que, de esta forma el tener tu información en la nube te ayudará a no sufrir daños mayores.

CAPÍTULO 3: SEGURIDAD EN LÍNEA

"La seguridad en línea es como un rompecabezas, cada pieza es importante para proteger tu privacidad y seguridad."

∨

• Uso seguro de internet •

Sin lugar a duda internet se ha vuelto una herramienta fundamental en nuestra vida cotidiana. Sin embargo, su uso también puede presentar riesgos de seguridad en línea. Así que, como ya hemos visto, es muy importante que sepamos identificar las distintas amenazas que acechan internet para que no caigamos con mucha facilidad en la trampa de los ciberdelincuentes.

Una de las principales formas de mantenerse seguro en línea es aprender a identificar enlaces defectuosos. Esto significa asegurarse de que los sitios web que visitamos sean legítimos y seguros. Para ello debes asegurarte de que la dirección URL comience con "https" y que haya un icono de candado en la barra de direcciones del navegador.

🔒 https://www.google.com

Si no hay un icono de un candado cerrado, es posible que el sitio web no sea seguro y debas evitar proporcionar información personal en ese sitio, así como contraseñas, números de tarjeta de crédito o cualquier otro dato. Además, se debe evitar hacer clic en enlaces sospechosos o en correos electrónicos de remitentes desconocidos, ya que podrían contener malware o phishing.

Los correos electrónicos de phishing a menudo parecen legítimos, pero tienen enlaces que dirigen a sitios web falsos que imitan el sitio web real. Por ese motivo, es muy importante siempre verificar la autenticidad de los correos electrónicos antes de hacer clic en cualquier enlace, porque en la mayoría de casos, los ciberdelincuentes tienden a falsificar sitios webs con la intención de realizar ataque de phishing para extraer información personal.

Otra forma de mantenerse seguro por internet es revisar que tipo de configuración de seguridad y privacidad se tiene en redes sociales.

Las redes sociales son una forma popular de mantenerse en contacto con amigos y familiares, pero también pueden ser utilizadas por los ciberdelincuentes para robar información personal. Por ese motivo, es importante que revises y ajustes la configuración de privacidad de tus redes sociales para así evitar que tu información sea vista por personas no autorizadas. Aunado a ello, es importante tratar de no compartir información personal innecesaria en línea. La información personal, como la fecha de nacimiento, la dirección de residencia, la ubicación en tiempo real junto a los datos y fotografías, son alguno de los datos que es mejor que no estén a la vista de cualquier persona.

Por último, es recomendable evitar conectarse a redes Wi-Fi públicas que no estén protegidas con contraseñas, ya que pueden ser peligrosas para la privacidad de tus datos.

En resumen, para utilizar internet de manera segura, es importante utilizar una conexión segura, estar alerta ante correos electrónicos fraudulentos y ajustar la configuración de privacidad en las redes sociales. Estas son algunas de las medidas básicas para protegerse contra las amenazas en línea

Ser conscientes de los riesgos y seguir buenas prácticas de seguridad puede ayudarte a evitar problemas en línea.

• Compras en línea •

La compra en línea se ha convertido en una actividad cada vez más común en la era digital. Sin embargo, también se ha vuelto una actividad riesgosa. En esta sección, veremos algunos consejos para realizar transacciones seguras.

Cuando se trata de compras en línea, es importante tener en cuenta que existen riesgos de seguridad asociados con la transmisión de información personal y financiera a través de Internet. Aunque es conveniente hacer compras desde la comodidad de tu hogar, también debes estar alerta y tomar medidas para proteger tus datos.

Para asegurar que tus compras en líneas sean seguras, así como lo vimos anteriormente, es esencial comprar solo en sitios web confiables y legítimos. Verifica que el sitio tenga una dirección URL que comience con "https://" y que tenga un candado en la barra de direcciones del navegador. Esto va a significar que la información que se ingrese estará encriptada y protegida.

Además, evita hacer compras en línea desde ordenadores públicos o en redes Wi-Fi abiertas, ya que estas pueden ser menos seguras y más vulnerables a los ataques de los ciberdelincuentes. Siempre que sea posible, utiliza tu propio ordenador y tu propia conexión a Internet para hacer compras en línea.

Otra forma de proteger tus compras en línea es utilizar una tarjeta de crédito en lugar de una tarjeta de débito. Las tarjetas de crédito ofrecen más protección contra fraudes y te permiten disputar cargos no autorizados. Otra opción puedes ser optar por utilizar una tarjeta virtual de un solo uso para mayor seguridad.

Por último, es importante que revises regularmente tus estados de cuenta, así como también el estado de tus tarjetas de crédito para detectar cualquier actividad sospechosa o no autorizada. Si sospechas que has sido víctima de una estafa en línea, comunícate de inmediato con tu banco o compañía de tarjeta de crédito para informar el problema y tomar medidas para proteger tu información financiera.

Siguiendo estos consejos, puedes hacer tus compras en línea de manera segura y sin preocupaciones.

CAPÍTULO 4: PROTECCIÓN DE LA PRIVACIDAD

"La privacidad es un derecho fundamental, protege tus datos personales como si fuera tu tesoro más valioso"

∨

• ¿Qué es la privacidad en línea y por qué es importante? •

La privacidad en línea se refiere al control que cada persona tiene sobre su información personal en Internet. Esto incluye datos como la dirección de correo electrónico, la fecha de nacimiento, la ubicación, los hábitos de navegación y otros detalles que pueden ser recopilados por los sitios web y las aplicaciones que se utilizan por medio de las famosas cookies.

Es importante proteger la privacidad en línea por varias razones. En primer lugar, puede haber riesgos para la seguridad si se comparte demasiada información personal. Los ciberdelincuentes pueden utilizar estos datos para cometer fraudes o robar nuestra identidad. Además, la información personal puede ser utilizada para enviar spam o publicidad no deseada.

En segundo lugar, la privacidad es un derecho fundamental de las personas. La capacidad de controlar la información personal es esencial para proteger nuestra libertad de expresión, la intimidad y otros derechos humanos fundamentales. Las violaciones de nuestra privacidad pueden tener un impacto negativo que perjudique nuestra área personal y profesional.

Por último, la privacidad también puede ser importante para mantener la reputación en línea. Las empresas a menudo buscan en línea información para obtener datos de las personas, y la información comprometida o poco favorecedora puede afectar negativamente las oportunidades de carrera o la vida social.

En resumen, la privacidad en línea es importante para proteger nuestra seguridad personal, así como también nuestra reputación.

Como ya lo vimos la privacidad en línea es un tema de gran importancia en la actualidad. Mantener la privacidad en línea significa proteger nuestra información personal de ser vista, utilizada o compartida sin nuestro consentimiento.

Existen diversas formas en que nuestra información personal puede ser recopilada y utilizada en línea, como el seguimiento de nuestras actividades en línea, la recopilación de datos de nuestras redes sociales, y la recopilación de información personal en línea, como nuestra dirección de correo electrónico y número de teléfono.

Para proteger tu información personal y evitar la vigilancia en línea, aquí hay algunos consejos que puedes seguir:

1. Limita la información que compartes en línea: Asegúrate de limitar la información que compartes en línea, especialmente en las redes sociales. No compartas información personal, como tu dirección de casa o tu número de teléfono, sí no es necesario dentro de formularios o compras.

2. Utiliza navegadores privados: Los navegadores privados pueden ayudar a proteger tu información personal al no guardar el historial de navegación y cookies.

   • Las empresas pueden ganar mucho dinero recopilando sus datos, y la mayoría de los navegadores en estos días lo han convertido en una norma de negocio, por lo que ahora la privacidad se reduce a una nada, pero afortunadamente, existen navegadores que prestan atención especial a la privacidad, por lo que no recopilan ninguna información personal. Si estás interesado puedes darles una oportunidad.

Echemos un vistazo a los siguientes navegadores:

- Brave

    Brave está diseñado para ofrecer una experiencia de navegación más privada y segura. El navegador utiliza características como la protección contra rastreadores, el bloqueo de anuncios y la encriptación HTTPS en todo momento para mejorar la seguridad de los usuarios y proteger su privacidad en línea. En general, Brave es una opción interesante para las personas que buscan una experiencia de navegación más privada y segura

    - Disponible para: Windows, Linux, Mac, iOS y Android.

- Tor Browser

    El navegador Tor es conocido por ser uno de los navegadores más seguros y privados que existen. Esto se debe a que el navegador utiliza una red de servidores en todo el mundo para enrutar el tráfico de Internet, lo que hace que sea muy difícil rastrear la actividad en línea de un usuario. Sin embargo, es importante tener en cuenta que no existe una herramienta de privacidad y seguridad absoluta. En general, el navegador Tor es una herramienta muy útil y efectiva para quienes buscan aumentar su privacidad y seguridad en línea, pero como con cualquier herramienta de seguridad, es importante tomar otras medidas de seguridad en línea para protegerse.

- Disponible para: Windows, Linux, Mac, iOS y Android.
-

o Avast Secure Browser

Avast Secure Browser puede ser una opción segura y privada para navegar en línea, pero es importante tener en cuenta la política de privacidad y las características de seguridad que ofrece el navegador antes de utilizarlo. Este navegador cuenta con una función llamada "Modo Banco" que crea un ambiente seguro para realizar transacciones en línea, como compras o transacciones bancarias, lo cual es muy interesante.

- Disponible para: Windows, Mac, iOS y Android.

o Firefox

Firefox también ha sido elogiado por su transparencia en la política de privacidad y en cómo maneja los datos del usuario. La compañía ha tomado medidas para minimizar la recopilación de datos del usuario y ha trabajado para mejorar la privacidad del usuario. En general, Firefox es considerado un navegador seguro y privado para navegar en línea.

- Disponible para: Windows, Linux, Mac, iOS y Android.

o DuckDuckGo

Este es un motor de búsqueda que se enfoca en la privacidad del usuario. A diferencia de otros motores de búsqueda, DuckDuckGo no recopila información personal del usuario ni realiza un seguimiento de la actividad en línea de los usuarios.

- Disponible para: Windows, Linux, Mac, iOS y Android.

Siguiendo estos consejos y utilizando alguno de estos navegadores puedes proteger tu información personal y evitar la vigilancia en línea. Recuerda que tu privacidad en línea es importante, y es tu responsabilidad tomar medidas para protegerla. ¡Vamos, tú puedes!

• Redes virtuales privadas *(VPN)* •

Las redes virtuales privadas, o VPN por sus siglas en inglés, son una herramienta cada vez más popular para proteger la privacidad en línea. Una VPN es un servicio que te permite conectarte a internet a través de un servidor privado, en lugar de hacerlo directamente desde tu dispositivo. Esto hace que tu dirección IP sea oculta y en su lugar se muestre la del servidor al que te has conectado.

El uso de una VPN puede ayudar a proteger tu privacidad y seguridad en línea de varias maneras. En primer lugar, oculta tu dirección IP, lo que dificulta que alguien te rastree a través de internet. En segundo lugar, cifra tu conexión a internet, lo que significa que cualquier información que envíes o recibas está encriptada y no puede ser vista por terceros. Por último, al conectarte a un servidor VPN, puedes acceder a contenido que esté restringido geográficamente.

Sin embargo, es importante tener en cuenta que no todas las VPN son iguales. Al elegir una VPN, debes investigar y elegir un proveedor de confianza y reputado, ya que algunos pueden recopilar y almacenar tus datos o incluso venderlos a terceros. Además, algunos servicios gratuitos de VPN pueden ser inseguros y poner en riesgo tu privacidad.

Para utilizar una VPN, debes descargar e instalar un software en tu dispositivo y luego conectarte al servidor VPN de tu elección. Asegúrate de seguir las instrucciones proporcionadas por tu proveedor de VPN para configurar correctamente el software y la conexión.

En resumen, utilizar una VPN puede ser una forma efectiva de proteger tu privacidad en línea. Pero es importante hacer tu investigación y elegir un proveedor de confianza, y seguir las instrucciones proporcionadas para configurar correctamente la conexión.

CAPÍTULO 5: MANTENIMIENTO Y ACTUALIZACIÓN DE LA SEGURIDAD

"La ciberseguridad no es sólo una cuestión de tecnología, sino también de hábitos y conciencia"

⌄

• Mantenimiento regular de tus dispositivos y aplicaciones •

La seguridad en línea no es algo que puedas lograr simplemente instalando una solución de seguridad y luego olvidándote de ello. Es importante realizar un mantenimiento regular de tus dispositivos para asegurar que tu seguridad en línea esté siempre actualizada y sea efectiva.

El mantenimiento regular de tus dispositivos es esencial para asegurar una seguridad óptima en todo momento. Los dispositivos electrónicos están sujetos a fallas técnicas, vulnerabilidades de seguridad y problemas de rendimiento que pueden comprometer su funcionalidad y seguridad en línea. Es importante tomar medidas de precaución y realizar un mantenimiento regular para evitar estos problemas.

Mantener los sistemas operativos y las aplicaciones actualizadas es importante para asegurar la protección contra vulnerabilidades y amenazas de seguridad. Asegúrate de habilitar las actualizaciones automáticas y verifica regularmente si hay actualizaciones pendientes

Realiza una limpieza regular de tus dispositivos para eliminar archivos y aplicaciones no deseadas que puedan afectar el rendimiento y la seguridad. Asegúrate de desinstalar programas que ya no uses y utiliza herramientas de limpieza para eliminar archivos temporales y otros archivos innecesarios.

En resumen, el mantenimiento regular de tus dispositivos es crucial para garantizar una seguridad óptima en línea.

Con un mantenimiento regular, puedes minimizar los riesgos de seguridad y disfrutar de una experiencia de uso segura y sin interrupciones.

CAPÍTULO 6: CIBERSEGURIDAD EN EL TRABAJO Y EN LA ESCUELA

"La seguridad es tan fuerte como su eslabón más débil, y a menudo ese eslabón es el factor humano"

∨

• Seguridad en el trabajo •

En el entorno laboral, la seguridad informática es una preocupación importante. Las empresas deben proteger sus datos y sistemas informáticos de posibles ataques cibernéticos, lo que puede incluir la pérdida de información confidencial, la interrupción de servicios y la pérdida financiera. Por lo tanto, es importante que los empleados estén informados y capacitados en prácticas de seguridad informática para evitar incidentes de ciberseguridad.

Entre las prácticas de seguridad informática en el trabajo, se incluyen la creación y uso de contraseñas seguras, la actualización regular del software y sistemas, la implementación de medidas de control de acceso a la información, la protección física de los dispositivos y la educación constante en seguridad informática.

Además, los empleados deben estar al tanto de los procedimientos de seguridad informática de su empresa y cumplir con las políticas establecidas. Esto incluye informar sobre posibles brechas de seguridad, no compartir información confidencial con personas no autorizadas y no utilizar dispositivos personales en la red de la empresa sin autorización.

Es importante que los empleados sean conscientes de estas políticas y se les proporcione la formación adecuada para asegurar su cumplimiento. Esto puede incluir la implementación de sistemas de monitoreo y control, así como la promoción de una cultura de seguridad en el lugar de trabajo.

En resumen, la seguridad en el trabajo es un aspecto crítico de la ciberseguridad y una preocupación importante para cualquier organización.

Por parte de las organizaciones, es esencial que implementen políticas y procedimientos adecuados para minimizar los riesgos y garantizar la protección de los datos y la información de la empresa.

La ciberseguridad en la escuela es un tema cada vez más importante debido al aumento del uso de tecnología en las aulas y en la educación en línea. Los estudiantes y docentes deben estar al tanto de los riesgos y amenazas en línea para poder proteger su información personal y la de la institución.

Es importante educar a los estudiantes sobre cómo navegar de forma segura en internet, cómo detectar y evitar estafas en línea, y cómo mantener su información personal privada.

Otro punto clave es enseñar a los estudiantes sobre el peligro del acoso en línea y el ciberbullying. Los docentes deben estar preparados para reconocer y abordar estas situaciones en el aula, y trabajar en conjunto con los padres y la institución para solucionar cualquier problema.

Finalmente, es importante fomentar una cultura de seguridad en línea en la escuela, promoviendo la responsabilidad y el cuidado de la información personal y de los demás. Los estudiantes y docentes deben trabajar juntos para crear un entorno seguro y saludable en el ámbito digital

Al igual que en el trabajo, es importante que la escuela tenga políticas y prácticas claras en cuanto a la seguridad en línea y que todos los miembros de la comunidad escolar se comprometan a seguir estas prácticas.

ASPECTOS IMPORTANTES

"En el área de la ciberseguridad, el aprendizaje nunca termina.
Mantenerse informado y actualizado es clave para mantenerse seguro en
un mundo digital que está en constante evolución"

$\vee$

• Palabras finales •

La ciberseguridad es una preocupación cada vez más importante en nuestra vida diaria. Todos estamos en riesgo de ser víctimas de ciberataques y perder nuestra información personal, financiera o profesional. Sin embargo, la buena noticia es que hay medidas sencillas que todos podemos tomar para protegernos en línea, incluso si no somos expertos en tecnología. Con la información y herramientas adecuadas, podemos minimizar los riesgos y tener una experiencia en línea más segura y confiable.

En este libro hemos abordado los conceptos básicos de ciberseguridad, desde la importancia de crear contraseñas seguras hasta cómo proteger nuestra información financiera y privacidad en línea. También hemos visto cómo mantener la seguridad en dispositivos personales y en el entorno laboral y escolar. Además, hemos proporcionado recursos adicionales y herramientas gratuitas para mejorar nuestra seguridad en línea

Recuerda que la ciberseguridad es una tarea continua, y es importante estar siempre alerta ante posibles amenazas. Al seguir las prácticas recomendadas y mantener nuestros dispositivos y sistemas actualizados, podemos minimizar los riesgos y disfrutar de una experiencia en línea más segura y agradable.

Antes de finalizar el libro me gustaría darte las gracias por haberlo leído ¡espero que todos los concejos básicos sobre cómo proteger tu información en línea te hayan sido de ayuda! De la misma forma Te ánimo a que sigas aprendiendo sobre este mundo digital tan interesante y emocionante porque recuerda:

"La ciberseguridad es un viaje, no un destino"

- *Sigue viajando 🚀 ...*

Printed in Dunstable, United Kingdom

65492808R00037